介護のしごとが楽しくなるこころシリーズ 2

ここ
聴き方、話し方

利用者やその家族、
介護にかかわる人と
円滑な人間関係を
築くためのヒントが
満載！

監修
西井啓子
富山短期大学福祉学科 教授
古川智子
株式会社さくらコミュニケーションズ 代表取締役

日本医療企画

はじめに

他者と意思や情報を伝え合い、しっかりとそれらを共有(確認)するコミュニケーションは、介護職に欠かすことのできない重要なスキルの一つです。しかし、高齢者とあまり接する機会のない人にとっては、その人たちの言葉や態度はわからないことが多いかもしれません。世代や出身地、生活している地域によっても、価値観や風習などはさまざまです。

効果的なコミュニケーション法は、ちょっとした気配りや知恵があれば、誰でも身につけられます。

高齢者やその家族はさまざまな不安をかかえています。個々の利用者と誠実に向き合い、利用者との信頼関係を築くために、常に相手の立場に立った聴き方、話し方を心がけましょう。

目　次

第1章　聴き方、話し方 を磨く

第１章

聴き方、話し方を磨く

―コミュニケーションを上達させるには―

介護職としてのコミュニケーション①

利用者個々の特徴

多くの利用者の社会的背景やよく聞かれる言葉から、想像力を働かせて利用者の思いを知る。

利用者の多くは満65歳以上の高齢者です。当然ながら性格も身体的状況も、一人ひとり異なり、その人の特徴に合わせたコミュニケーションをとる必要があります。

生活支援を受ける高齢者の特徴

- 仕事や子育てはおおむね終わっている。
- 多くの人との出会いや別れ、さまざまな経験を通して、独自の人生観や価値観、楽しみなどをもっている。
- 加齢や病気による身体機能の低下や障害(難聴、視力低下、片まひ、認知症など)で、生活に不自由がある。

よく聞く高齢者の言葉とその意味

利用者からたびたび聞かれる言葉を、ほんの一部ですが紹介します。言葉の奥にある気持ちと意味を考えてみましょう。

●「痛い、苦しい、つらい」

しつこい痛みや動きにくさ、動けないことなどの肉体的な苦痛、高額な医療費などで経済的に苦しい、世話をしてくれる人がいなくてつらいなどのこころの痛み。

●「情けない、みっともない」

いろいろできたはずの自分が、人の手を借りなければ満足に日常生活も送れず、自分の好きなように環境や身支度を整えられない、容姿が衰えたなどの、喪失感、失望感、無力感，自責の念など。

●「何でこんなことになったのだろう」

悪いことをした覚えはないのに、病気や障害をかかえることになり、人の手を借りなければ生活を送れない歯がゆさ、怒り、困惑など。

●「世話してもらうことのどこが悪い」

長い間たくさん働いて、人の世話もした、税金もいっぱい払ってきた、今も介護保険料や介護費用を払っているのだから、支援を受けるのは当然の権利であるという自己主張と、疎外感やあきらめといった複雑な思いに伴う怒りなど。

●「外へ出たい」

家（施設）の外に出られない（閉じ込められているように思う）、好きなときに好きなところへ行けないなど、閉塞感や孤独感、無力感など。

●「他人に会いたくない」

病気や障害で変わってしまった惨めな姿を見られたくないなど、敗北感や劣等感、羞恥心《しゅうちしん》、罪悪感、自己否定など。

●「馬鹿にしないで」

聞こえないからと大声を出される、目の前で内緒話をされる、すぐに反応できないと、わからない・できない人と決めつけられる、幼児語あるいは赤ちゃん言葉で話しかけられる、命令される、名前を呼んでくれないなど、介護職の態度に対する不快、屈辱、疎外感、怒りなど。

●「この先どうなるんだろう」

病気や障害がさらに悪くなり、やがて寝たきりになること、家族の負担が増える（続く）ことなどに対する不安、恐れなど。

介護職の基本的な姿勢

専門職としての自分を自覚し、利用者の尊厳を守り、その人を尊重した態度が必要である。

自分の身に置き換える

前述のような負の感情(気持ち)は、男女や年齢、立場にかかわらず誰しももっています。ですから、自分の身に置き換えてみれば、相手の気持ちに少しは近づけるはずです。個人差や置かれた状況は異なっても、向き合う相手は感情をもった一人の人間であることを常に忘れないようにします。

介護職の基本的な姿勢

利用者と円滑なコミュニケーションを図るためには、職業人としての私と、私人としての私を区別する必要があります。その基本姿勢を以下に示します。

①利用者の個別性を尊重する。

②利用者の利益（こころの平安を含めて）を第一に考え、公私混同しない。

③利用者や家族の価値観、好みを尊重する。

④利用者や家族の状況に合わせる。

⑤介護職としての知識や技術、倫理に基づく考え方や行動をする。

⑥職業上知りえたことの秘密を守る。

具体的な姿勢（心構え）

尊厳を重んじる：姓（苗字）で呼びかけ、幼児語で話さない、命令しない、無視しない、さげすまない。その人の歴史や人生観などを知る。

気持ちに寄り添う：利用者の気持ち（感情）や発言を否定しないで、傾聴する。利用者のものの見方・考え方、価値観を理解する。自分の価値観を押しつけない。

利用者に合わせる：せかさない、さえぎらない。相手が聞き取りやすい音量や速度で、内容をわかりやすくまとめて話し、理解したことを確認してから次の行動（話）に移る。

小道具を活用する：メモなどに要点を書いて、見せる、掲示する。

言葉を繰り返す：特に生活支援の場面では、相手の言葉を復唱する、レシートなどを見せて報告し確認してもらう。

礼節と感謝の念をもつ：社会人として挨拶などのマナーを守り、自分の仕事があるのはこの人の存在によるということを忘れない。

想像力を働かす：「もしも自分だったら」「もしかしたら○○では」と、言葉にならない思いを想像してみる。

- **表情や姿勢に気をつける**：場面や状況に応じた表情・姿勢をとる。しかし不快にするような仏頂面《ぶっちょうづら》や、だらけた態度・姿勢、がさつな動作は避ける。誰が見ても「感じがよいな」と思う人の姿を真似するのも上達の近道。
- **一人で抱えない**：一人で思い悩まず同僚や先輩などに遠慮なく相談する。利用者の家族や友人などもケアチームの一員。
- **幅広い知識を身につける**：一般常識や社会問題、地域の行事や風習などについても学び、人間としての幅を広げる。

相手に対する思いやりとマナー

思いやるこころを伝える挨拶、特に、マナーを守った挨拶を交わすことが大事。

良好な人間関係を築くためには、相手を思いやるこころが大切です。それを伝えるものの一つに挨拶があります。特に初対面のときは緊張するものですが、必要以上にかしこまらず、マナーを守って穏やかに挨拶を交わすところから始めましょう。もちろん2回目以降も同様です。

最初は声を出すのにも勇気がいるかもしれませんが、まずは誰にでも、できれば少し笑顔で、こちらから挨拶する習慣を身につけましょう。

挨拶

- **初対面**：「はじめまして」。この後に姓名と所属などの身分を告げる。
- **出会い**：「おはようございます」「こんにちは」

「こんばんは」「お元気ですか」「ご無沙汰しております」など。

- **別れ**：「さようなら」「おやすみなさい」「失礼します」「お邪魔しました」など。
- **感謝、労い**：「ありがとうございます（ございました）」「お手数をおかけします（しました）」「お疲れさまです（でした）」など。
- **お詫び**：「ごめんなさい」「申し訳ありません（でした）」「申し訳ございません」「失礼しました」「すみません（でした）」など。
- **その他**：「いただきます」「ご馳走さまでした」「よろしくお願いします」「いって（い）らっしゃい」「おかえりなさい」「お待ちしていました」など。

このほか、お祝いごとやお悔やみなど、さまざまな場面での挨拶があります。さらに、各地には多彩な挨拶の言葉がありますので、ぜひとも地元の言葉を活用してみてください。

生活支援のための確認

仕事として利用者の生活を支えるのですから、利用者の意向を尊重することが第1です。

- **支援内容**：「○○をするように聞いてきましたが、それでよろしいですか」などと、計画書に基づいて、利用者や家族が何を望んでいるのか、何を望まないのか、何に気をつけてほしいのかなどを尋ねる。それに対する答えが返ってきたら、「はい、わかりました」や「では、○○をしますね」「△△には気をつけます」などとくり返す。
- **家族など**：利用者以外の人がいたら、挨拶をしたうえで、その人の続柄などをさりげなく確認する。そこにいない家族については、無理に聞く必要はない。
- **体調など**：「今日のお加減はいかがですか」「お熱は下がりましたか」などと聴いてみる。いつもより静かに作業してほしいなど、気をつける必要があるかもしれないし、支援内容の

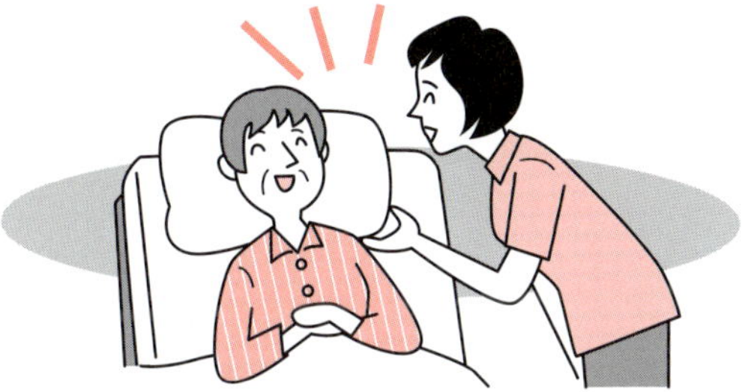

変更もあるかもしれない。挨拶などからでもその日の状態を察することができるよう、観察力を磨く。

●心構え

介護の対象は、身体や精神に何らかの障害をかかえている人たちですが、一人の人格をもった存在であることを忘れないでください。

支援内容の確認などは、くり返すことで相手が確認することにもなります。どのような場合も、必要以上に口数を多くする必要はありません。必要なことを適切なときに、はっきりと口にできるようにしましょう。

良好な関係づくりのポイント

こちらから相手を知る努力をし、相手のペースに合わせて、やわらかく受け答えをする。

傾聴する

傾聴とは耳を傾けて、言葉の奥にある利用者の気持ちを聞くことです。特に話し好きの人は苦手かもしれませんが、「話し上手は聴き上手」とも言います。人間性を高めることにも役立ち、介護職員としての自立には欠かせないスキルですから、ぜひとも身につけてください。

●聞くと聴く

- **聞く**：音楽や鳥の声などが自然に耳に入ってくることを含む、全般的なもの。
- **聴く**：注意してよく聞く、積極的な能動行為。

●聴き方（傾聴する）

強制的に話をさせるのでも、同情するのでも、「聴いてあげる」のでもなく、スポンジのように、やさしく相手のこころに寄り添って（身になって）、静かに話に耳を傾けましょう。これが傾聴することなのです。

●上達のコツ

①相手の話をさえぎらない、否定しない。

②あいづちを打つ：「はい」「ええ」「そうですね」「なるほど」「へぇー」「ほう」や、うなずき（首を振ること）など。同じ言葉ばかりをむやみに発するのではなく、場面に応じて使い分けることや、入れるタイミングも大事。鼻での返事（ふんふん）はご法度《はっと》。

③沈黙を大切にする：何でもあいづちを打ち、返事をすればよいわけではない。時には、

相手の言葉を待つことも必要。話のなかで「間」を入れることで利用者の反応も理解でき、しっかりとコミュニケーションをとることができる。

④目線に注意して：話を聴くときに、相手を見つめたままだと、過度な緊張感を与えてしまう。効果的な目線ゾーンは、相手のまゆげから鎖骨の間を見るようにすることが緊張感を与えない目線の向け方。

⑤くり返す：重要な言葉（内容）は、双方の確認の意味もこめてくり返すとよい。相手が言葉に詰まったようなときも、その前の流れを要約（簡単にまとめること）してくり返すと、次が出てきやすくなる。

●**聴き返し方**

◆**悪い例**：「えっ、何ですって」「聞こえません」「はっきり言ってください」など。

⊙**良い例**：「ごめんなさい、もう一度言ってくださいますか」など。または「今おっしゃったのは、こういうことでしょうか」と話の要点を整理して返す。

●相手が同じことを何度も言う

発する人にとっては、大切なこと、忘れたくないこと、気がかりなこと、不安なこと、よい時(よかった時代の自分)を懐かしんでいることの表れでもある。

◆**悪い例**：「前に聞きました」「もうその話は何回目です」などとさえぎる。

◎**良い例**：「よっぽど気がかりなんですね」「たびたび聞かせてもらったので、そのときのことが私にもすごくよくわかるようになりました」などと受け止める。

✣**かわし方**：生活支援中なら「申し訳ありませんが、お掃除に戻りますね」「楽しいお話ですね。もっとお聞きしたいので、先に、お掃除をすませますね」など。

●その他

✣**タッチング**：手を握る、背中をさする、軽く抱きしめるなど、話の内容や状況に合わせて、言葉をかけながら行うと効果的。でも身体に触れられたくない人もいるので、注意が必要。

気をつけたいこと

●言葉づかい

尊敬語、謙譲語、丁寧《ていねい》語をつかいこなせるのが理想ですが、無理につかおうとするとかえっておかしくなりますし、間違うことも多いので気をつけましょう。また、命令口調や幼児語は利用者のプライドを傷つけます。人生の先輩に対して、尊敬の気持ちと温かいこころを保ち、

- やわらかい表現で
- 丁寧に
- 主語を省略したりせず
- 簡潔に
- 語尾まではっきりと話す

ことが大事です。こころがこもっていれば理解は得られやすくなります。また、その地方の方

言を活用すると、親しみやすくなります。

●利用者の呼び方

相手が望んだのでない限り、姓(苗字)で呼びましょう。「おじいちゃん、おばあちゃん」はレッドカード。名前(ファーストネーム)は、夫婦や兄弟姉妹、同姓の多い地域の施設など、場合によります。

●一人称

「わたくし」と言いたいところですが、「わたし」でもよいでしょう。「ぼく」や「おれ」は本来は目下の人に対して用いる一人称です。「自分」は、相手を指すときにつかう人もあり、あいまいになるのでつかわないほうがよいでしょう。

●政治と宗教

主義や信条には踏み込まないほうが、トラブルを避けられます。話題に出たら、「よくわかりませんから…」「お掃除していて時間がないので」とさりげなく対応しましょう。

●うわさ話（悪口）

自分から言うのは論外、相手の話に乗るのもアウトです。賛成も反対もせず、特に家族の誰かや隣近所については、答えも「そうなんですか…」くらいでとどめ、話題を転換するのも一つです。同僚や他の職種の人についても同じです。それでもたびたび言うようなら、何か原因（不満や虐待などの問題）が隠れているのかも。上司に報告・相談しましょう。

●サービス内容の確認

- **サービス開始時**：「今日は寝室に掃除機をかけて廊下の拭き掃除ですね」「買い物と夕飯の支度ですね」「○○医院への付き添いですね」など、具体的に確かめる。

❖**サービス終了時**：「終わりました。これでよろしいでしょうか」などと尋ね、所定の書類にサイン(判)をもらう。

●買い物

希望を含め買う物をメモにし、預かったお金を利用者の前で「○○円お預かりしました」と必ず声に出して告げます。帰ってきたら、品物やレシートと一緒に「△△円のおつりです、確かめてくださいね」とつり銭を渡します。利用者が書いたメモを持って行ったのなら、そのメモも返しましょう。

●質問の仕方

支援中の不明点や疑問は、利用者にこだわりや好みがある場合もありますので、できるだけ確かめましょう。その際は、遠くからではなく、そばへ行って尋ねること。

❖**聞き方**：「すみません、バケツはどれを使ったらよろしいですか」「どのバケツを使えばいいか教えてください」など。

✣**答えが返ってきたら**：「ありがとうございました」と一言忘れずに。勝手に使うと、バケツ一つでもこだわりのある人がいるので、注意が必要です。ただし、利用者が体調が悪くて寝ているようなときは、様子を見てからにしましょう。

●代名詞ばかりで適切な言葉が出ないとき

「あれ」「ほら、そこのあれあれ」「これをあそこのナニに置いて…」などと連発されても、聞いているだけではわかりません。相手の視線の先を探ったり、その場の状況や会話の文脈から想像して、「お薬ですか」「この花瓶を棚に置けばいいのですね」などと具体的に物を持ち上げたり、動いて手で示してみましょう。

ミニ「話し方チェック」

「ていねいに」を意識するあまり、くどい言い回しや過剰敬語になっていないでしょうか。例えば、何にでも「お」や「ご」をつけたり、「○○していただいたので、△△させていただきやすかったです」などです。これは「○○していただいたので、△△しやすかったです」で十分でしょう。

タメグチは友達口調ですからつかってはいけません。ふだんのつかい慣れた言葉で話しましょう。こころがこもっている言葉なら、思いは伝わりやすいものです。

断り方

仕事中に困ってしまうようなこと、例えば規定外のことや、無理難題を利用者から要求されることもあるかもしれません。角を立てずにやんわりと断ることができるとスマートですね。

●お金や品物を渡される

◆**悪い例**：「規則ですから受け取れません」「いりません」など。

◎**良い例**：「ごめんなさい、規則ですからいただけないんです」など。「それでも」と言われたら、「私にまでお気遣いいただいてありがとうございます。お気持ちだけちょうだいします」など。

●お茶でも飲まない

訪問先では金品と同様、「ご心配なく」「ありがとうございます、でも持っていますから」などとやわらかく断ります。

施設では、散歩中などの状況によっては、自分の分は自分で買ってよい場合もあります。あらかじめ、どのような場合なら許されるのか、上司や先輩に確認しておくとよいでしょう。

●計画書にない作業

- **作業開始前や時間内**：「わたしの今日の仕事ではありません」と断りたくなるが、介護職の支援できる事柄なら、「予定の○○はできなくなりますが、それでもよろしいでしょうか」と代替の作業であることを知らせ、利用者の了解を得る。そして、必ず事務所に報告する。
- **残り時間がない・終了時刻になってから**：「予定の時間がきたので、申し訳ありませんができません」と率直に断る。
- **時間を延長してやって**：原則としてこれはありませんが、「どうしても」と言われ、時間があるのなら、「事務所に確認してみます」といったん収め、上司の指示に従う。また、延長分には別に料金が発生することを忘れずに伝え、同意を得る。

- **職務外のこと**：医行為などであったら、「申し訳ありませんが、わたしには資格がありませんので、できません」と率直に断る。そのうえで、「そのご希望があれば、担当者（上司）に伝えます」として、その日のうちに報告をする。
- **介護職の支援可能な事柄でないもの**：「だめです」「無理」「できません」と片づけず、「申し訳ありませんが、それはわれわれではお手伝いできないことなんです」などと穏やかに断る。

●セクハラ

セクハラにどのように対応するかは、ケース

バイケースですが、きっぱりと、でも、やわらかめの口調で断りましょう。

- **体を触られた：**「○○さん、痴漢みたいなことはしないでください」など。毅然とした態度をみせること。
- **いやらしいことを言われた：**第一に無視をすること。大事なことは「この人にはこういう話は通用しないのだ」と相手に思わせることで、「そんなこと言ったら、もう私はお世話できなくなりますので」と真顔で切り返すこともテクニックです。
- **性器を見せる、「持ってくれ」と言われた：**「トイレに行きたいのですか？」「お医者さんに行きますか？」と尋ねるか、明らかに悪質で意図的なことであるならば「街中でそのようなことをしたらお巡りさんに連れていかれますよ」と諭すことが肝要。

とにかく動揺した態度を見せないことであり、上司への報告は必ず行ってください。利用者の家族に話すことは、誤解を招く恐れがあるので上司が対応するなど慎重に行います。

話題を見つける

人間関係を良好にし、有効な生活支援をするために、また、互いに気持ちよく時間・空間を共有するためには、特に介護職のほうが利用者のことを知る努力をしましょう。でも、いくら相手を理解したいからといっても、支援中に手を止めてまで話し込む必要はありません。

●無理に聴かない

立ち居振る舞いなどの何気ないしぐさや、本棚に並んでいる本や雑誌、飾ってある物などを観察したり、支援内容を確認する会話のなかなどからも、その人の人生観や価値観など、さまざまなことに気づくはずです。

そして気づいたものに対して興味をもち、その発見を楽しみ、相手がどうしてそれを選んだのかを想像し共感できるこころがあれば、次の言葉は自然と出てくるようになるでしょう。

●最も簡単な切り出し方

暑い寒いなどの感じ方は年齢や育った環境が違っても、そう大きくは変わりません。挨拶の後や手があいたときに試みましょう。

- **開口**：「今日は特別暑いですね」「外はすごく寒いですけど、家の中は暖かくてホッとします」「雨がひどくなってきました」など。
- **それに続ける言葉**：「のどが渇いていませんか」「朝ごはんは召し上がりましたか」「夕べはよく眠れましたか」「素敵なものがありますけど、あれは何ですか」「今日のセーターはいい色ですね」などと広げていく。

第２章に、共通の話題づくりや、話の糸口にできるような、二十四節気や季節の食べ物、日本各地の名所・旧跡、名物などをたくさん紹介していますので、ぜひとも活用してみてください。

効率的な連絡の仕方を身につける

さまざまな職種の人たちとスムーズに情報の共有化を図るコツを身につける。

利用者の介護にはチームとして、多くの人がかかわります。施設では他にもたくさんの利用者がいますが、ここでは主に訪問（在宅支援）の場合の、利用者を取り巻く人たちとのスムーズな情報共有のポイントを押えておきましょう。

医療職とのコミュニケーション

医療職とは医師、看護師、理学療法士、作業療法士、薬剤師、保健師などです。医療職の指示や注意点などは、おおむね介護計画書や指示書に書かれているはずです。インターネットや本で調べても難しくて理解できないような事柄であれば、先輩や上司あるいは介護支援専門員

（ケアマネジャー）に確認しましょう。それでもわからなければ、事業所の許可を得たうえで、直接専門職に質問してもかまいません。

●電話のかけ方

①所属と姓名を告げる。
②相手の都合を聞く。
③用件を述べる。
④お礼を述べる。

都合の尋ね方：「教えていただきたいことがあるのですが、今、お時間はございますか」

「よい」と言われた場合：「ありがとうございます」とお礼を述べ、「△△さんの計画書に○○○と書いてありましたが、この○○○の意味を教えてください」とまとめておいた要点を質問する。

「今はダメ」と言われた場合：「いつならよろしいですか」と尋ね、その時間にかけ直す。かけ直したら、「先ほどは失礼しました」と前置きし、改めて名のり、質問する。

●異常があったとき

生活支援中に利用者の体調に異常があったときは、素早く医療職に報告し、指示を受ける必要があります。原則としては、マニュアルなどに従って、まず上司や事業所に連絡をとりましょう。状況説明は、見たまま感じたままを、できるだけ客観的に事実に即して報告します。

例：「○○さんの意識がもうろうとしていて、呼びかけにも返事がありません」「熱は38.6℃で、たんが絡んだようなせきをたびたびして、苦しそうです。昼食は味噌汁だけをお椀に１杯飲みました」など。

●救急車を要請する場合

119番に電話すると、「火事ですか、救急ですか」と聞かれますので、「救急車です」と応え、後はオペレーターの指示に従って、患者（利用者）の姓名、年齢、症状、持病、住所などとともに、自分の身分なども告げます。決してあわてず、騒がず、無駄なく、端的に事実だけを伝えましょう。

救急車を待つ間に上司(事務所)、家族などに連絡をとります。さらに、少しでも利用者の不安を取り除くように、「もうすぐ救急車が来ますからね」「○○さん聞こえますか、もう少しの辛抱ですよ」などと声をかけつつ、できるだけ安全・安楽を確保しましょう。

救急車に同乗するときは、利用者の保険証、後期高齢者医療証、お薬手帳や服用中の薬などを持っていきます。

●薬を受け取る

利用者の代理で受け取るので、利用者目線で考え、わかりやすく利用者に伝えられるようにしましょう。

- **確認事項**：薬の種類や量、出された日数、変更の有無など。
- **用い方や保存法が特殊な場合**：例えば「軟膏《なんこう》は1回にどのくらいの量を塗るのかを、書いていただけないでしょうか」などと薬剤師に頼んでもよい。

利用者の理解を確認しながら説明し、渡す。

同僚とのコミュニケーション

訪問介護の場合は、利用者の居宅に直行し、そのまま直帰することがあります。そうすると、介護職員同士が直接顔を合わせる機会が限られます。そこで、全員が共通認識をもって、より効率的で望ましい介護サービスを提供するために、介護計画書や報告書（介護記録）、ケースカンファレンス（利用者への支援についての会議）などを有効に活用します。さらに、利用者の状況によっては、連絡ノートなどを利用することもあります。

それでも直接の情報交換は即効性があり、孤独感を抱えがちな介護職員に連帯感をもたらしてくれます。報告書を書くために事務所に戻った時間などを活用し、気づいたことはどんどん情報提供し、意見を交換しましょう。

ただし、憶測や伝聞は慎む必要があります。できるだけ根拠のあること、自分が見聞きした事実とそれに基づく考えを「〇〇さんがこういう状態なので、わたしはこのように支援をしたらよいと思います」というように話しましょう。カンファレンス（会議）での話し方のポイントも同じです。

ここで話し合ったことにも守秘義務がありますので、外部の人には不用意にもらさないようにします。

上司や雇用者とのコミュニケーション

上司や雇用者との間には義務が発生します。予定(介護計画書)のとおりに生活支援が行えたのか、行えなかったとしたらなぜそうなったのか、毎回の職務内容を正しく、事実を報告しなければなりません。報告書(介護記録)を作成するのはもちろん、口頭の報告でも、これは同じです。

例:「食事の後片づけ中にお皿を1枚割ってしまいました。金額を聞きましたので、事後処理をお願いします」「今日の○○さんは少し気分が優れないと言って支援の間も寝ていました」など。

生活支援中に気づいたこと、感じたこと、考えたことも忘れずに伝えましょう。円滑な職務遂行には欠かせないスキルです。

●理不尽な要求

介護職として、また生活支援の内容として、さらに、人間として理不尽なことを命じられた場合は、拒否する権利があります。

- **断り方の例**：感情的な言い方を避け、落ち着いた口調で「その仕事内容は私の職分ではないと思います」などと、はっきり断りましょう。

先輩とのコミュニケーション

先輩に対しては、義務で縛られることはほとんどありません。支援方法や人間関係に悩んだときは、経験者の知恵をどんどん借りるとよいでしょう。

特に、ある利用者のことがどうしても理解できない、あるいは、どうしても肌が合わずこれ

以上その人の生活支援を続けられそうもない場合などは、できるだけ早く先輩に相談することをお勧めします。

病気になったり、仕事をやめるところまで自分を追い込む前に、どうしたらよいかを先輩に相談しましょう。アドバイスがもらえるだけでなく、上司に報告するなど解決策を見出してくれるかもしれません。

生活支援時に出会う人々

利用者の生活支援の場面には、デイサービスやデイケアへの送迎担当者や話し相手などをするボランティア、配食サービスや郵便局、宅配便の配達人、医療機器・介護用品の事業者などさまざまな人がかかわります。自治会の人や民生委員などが訪ねてくるかもしれません。

いずれの人に対しても利用者の立場で接しましょう。ごく普通の礼儀で挨拶したり話をすればよいのです。回覧板なら、受け取って利用者に確認をし、次の家の人に利用者の代理であることを告げて渡す、あるいは家族にわかるようにしておきます。

　ボランティアや配食サービス、医療機器・介護用品の事業者は、支援仲間でもあります。情報交換なども必要に応じてできるようにしましょう。ただし、守秘義務だけはお忘れなく。

利用者と周囲の人たちの関係性

周囲の人たちの関係に必要以上に深入りせず、バランス感覚を磨き、良好な関係性を保つ。

利用者の家族や親戚《しんせき》、友人、近所の人たちとの良好な関係も、円滑な生活支援を行っていくためには重要な事柄です。介護職と家族、利用者と家族だけでなく、家族同士、家族と隣人の関係性などにも配慮しましょう。

キーパーソンを支える

誰がキーパーソンかは、支援の最初にたいていわかります。自分のことはさておいて利用者にかかりっきりの人、口は出すけれど何もしない人、ほかに誰もいなくて仕方がないから介護している人など、かかわり方はさまざまです。

どのような場合でも以下が大切です。

- 相手の発言や行為を否定しない。

- 思いなどを聴く（傾聴）。
- その思いや行為を労《ねぎら》う：「一生懸命にされてますね」「ご苦労なさいましたね」など。
- 味方であることを表明する：「わたしもお手伝いしますね」「こんなふうにすると腰の負担が楽になりますよ」など。

関係性を探る

キーパーソン以外の家族のことは、簡単にはわからないことが多いと思います。そこで、日々の支援の際に利用者が話すことや、部屋の様子などから推察しましょう。というのは、利用者の安全・安楽な生活を支えていくためには重要な事柄だからです。

穏やかに接していた人が、突然激怒することもあるくらい、家族関係は複雑で微妙な話題です。想像力をフルに働かせるとともに、バランス感覚を磨き、周囲の人たちの関係に深入りせず、良好な関係性を保ちましょう。

●利用者に対する発言

- 「こんなになっちゃって」「どうしたらいいのか」：悲しみや不安が含まれていることが多いので、穏やかに受け止め、労《ねぎら》う。
- 悪口：うっかり同意すると「身内を悪く言われた」「あの人は嫌々介護してる」「仕事だからやってるんだ」と反感をもたれることもある。やんわり「そうなんですか…」と半疑問形で返すほうがよい。

●他の家族・親戚《しんせき》に対する発言

決して尻馬に乗らないこと。長男の妻などが、「○△は実の娘なのに介護どころか、ちっとも手伝わない、全部わたし任せのくせに文句ばっかり」などと言うのに対して、「まぁ、ひどい人ですねぇ」などと同意してはいけません。「ご苦労なさいますね」程度にとどめます。そのうえで「△△さん（利用者）は、○○さん（家族介護者）がよくなさるから喜んでおられますよ」などと労います。毎回のように言われるのなら、

支援内容の見直しや、○○さんにはレスパイトが必要かもしれません。そう思ったら上司に進言しましょう。

●友人、近所の人たち

家族以上に巻き込まれないように注意しましょう。守秘義務があることも理由の一つですが、トラブルの種を増やさないことが肝心。

「ねえ、○△と○○は仲が悪いんでしょ」「家の中はどうなってるの」などの探り：「そうですか、そうは見えませんね」「よくなさっていますけどねぇ」「わたしにはよくわかりませんけど」などとさりげなく対応。

相手の気持ち（感情）に寄り添う

無理に励ましたり誘導するのではなく、気持ちに寄り添い、さりげなく支えていく。

うつ状態・抑うつの人

気分がふさぐ状態が続いている人にあれこれ質問したり、意見をすることはやめましょう。励ますことは逆効果、厳禁です。

◆ **悪い例**：「頑張って○○しましょう」「元気は回復してきましたか」「そんなことじゃダメです」など。

◉ **良い例**：「今日はお天気がいいですよ」「だいぶ涼しくなってきましたね」など、あたりさわりのない声かけをして、相手が乗ってきたら、傾聴する。「そうですか、それはつらいですね」「こんなに努力をしていらっしゃるのだから、だんだんとよくなっていくと思いますよ」などと穏やかに受け止めよう。

認知症の人

認知症の程度や症状は個人差が大きく、進行速度もまちまちです。できなくなったこと、わからなくなったことに対して、困惑や混乱を抱えています。また、何かへのこだわりが強くなっている人や、不安なために何度も確かめたくなっている人もいます。

しかし、好き嫌い、うれしい悲しい、相手を思いやるなどの感情（こころ）は豊かに保たれています。表現が偏ったり、意思を伝えにくくなってしまっただけなのです。

●困惑・混乱が強い

少しでも安心感がもてるよう、言葉に耳を傾け、穏やかに肯定的に話しかけ、情けなさや孤独感を和らげるようにしましょう。

◆ **悪い例**：「そんなことしてはダメです」「わからないんですか」「聞こえてるんでしょ、返事してください」などの否定的表現やとがめるような物言い、大きすぎる声や断定口調。

●探し物をしている―「△△がない」

◆悪い例：「またぁ、あそこにあるんじゃない」と利用者とは別に探して、「やっぱりここにあったじゃない」と差し出すなど。

◉良い例：「一緒に探してみましょう」と言って実際に一緒に身の回りを探してみる。介護職員が見つけても、本人が見つけられるように配慮し、「あってよかったですね」と労《ねぎら》う。

●物盗られ妄想

一緒に探したり、上司に連絡して対処します。日常生活のなかにストレスや不満はありませんか。注意をほかに向けるようにすることもよいでしょう。

●徘徊している

◆悪い例：「そっちは○○さんの家（部屋）じゃありません」などと力任せに連れ戻す。

◉良い例：「ご一緒させてください」などと言って、行動を共にしながら、何かに興味の対象を移し、「お疲れになったでしょう、一休みしましょうね」などと、家や部屋に誘う。

●しつこく怒っている

◆**悪い例**：怒鳴り返す、否定や無視をするなど。

これもこだわりの一つの表現なので、穏やかに気持ちをそらすように配慮しましょう。ただし、この場合の笑顔やくり返し表現は、「馬鹿にしている」と火に油を注ぐことにもなりかねませんので注意が必要です。

●注意のそらし方

◆**悪い例**：「ほら、あれを見て」「○○をしましょう」「こっちへ来て」と腕を引っ張るなど。

◎**良い例**：「学生時代はどこに住んでいらしたのですか」「子どものころは何がお好きでしたか」と昔のことを尋ねてみるのもよい。

答えが返ってきたら、穏やかにあいづちを打ちながら聴いてみると、利用者の新たな一面を発見できるかもしれません。その他、利用者の知っている歌を歌ってみるのもよいでしょう。

コミュニケーションのための小道具

文章での伝達力アップを目指して

要点をもらさず正確に伝えると同時に、介護職員みんなの身をまもるための文章力を身につける。

コミュニケーションの手段には、文章もあります。例えば、自分自身のためのメモ、チームメンバーとの情報共有のための介護計画書や報告書（介護記録）、利用者の家族や同僚・ボランティアとの連絡ノートなどです。

有効なメモのとり方

メモは、自分で書きながら、読めない・わからないことはありませんか。コツをつかみ自分なりのルールができれば、記憶の補助としてこれほど有効なものはありません。大切なのは、このメモを何に使うのかを考えて、ポイントを押さえること。これは日常生活にもかならず役立つはずです。

●電話など

特に、よく言われる「５Ｗ２Ｈ」をしっかり押さえることが大切です。５Ｗ２Ｈは、

- いつ
- どこで
- 誰が
- 何を
- なぜ
- どうした・どうする
- いくらで

のことです。

これは、電話がかかってきた場合も、かける場合も同じです。電話でのメモが上手にできると、さまざまな場面でのメモも上達します。

●買い物リスト

品名、数量のほか、品物の特徴や利用者の希望も書いておくと迷わずに買い物できます。

◆**悪い例**：無洗米、里芋１袋など。

⊙**良い例**：「無洗米（はえぬき）５kg」「里芋１袋（小粒）」など。預かった金額も忘れずに。

「無洗米」だけだと「はえぬき」なのか「ゆめぴりか」なのか、迷うことになるからです。

●報告書（介護記録）作成のための覚書

生活支援中に気づいたことや利用者の要望などがあったら、記憶が新しいうちに要点を書いておくと、報告書などの作成が楽になります。

●知らせる

紹介：次回の訪問日にいつもと違う人が来ることがわかっている場合は、その人の姓名を書いて利用者や家族に渡しておくと、安心感や信頼感が増す。知りたいサービス内容なども書いて渡すと、伝わりやすい。

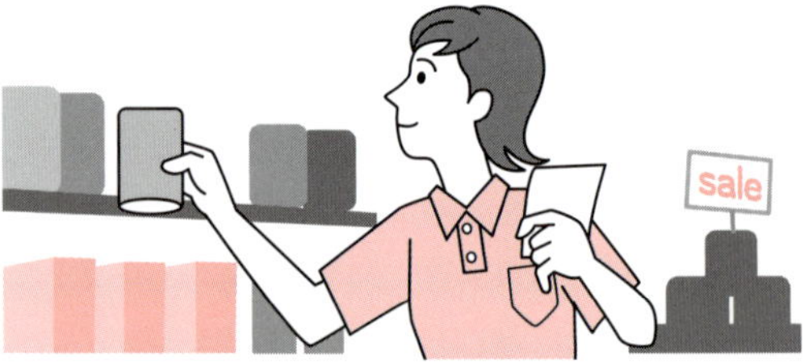

連絡ノート

ここでも「５Ｗ２Ｈ」は重要なポイント。簡潔に、しかし、具体的に、客観性を保って書くことが大切です。誰が読んでもひと目で理解できる文字・文章を心がけましょう。

●記入のポイント

- 主語や述語を抜かない。
- 箇条書きにする。
- 重要事項は色を変えるなど目立つように工夫する。
- 家族などからの要望や質問への答えは、「○○について」などタイトルをつける。

- 記入者名と記入日時を忘れない。

報告書（介護記録）

ここでも「５Ｗ２Ｈ」と客観性、簡潔で明瞭な文字・文章が重要なポイントです。

●記入のポイント

- 事実を客観的にありのまま書く。
- 主語や述語を抜かない。特に家族の発言などでは、「二女（名前がわかれば名前も）の要望は…」のように書く。
- 考えたこと、感想、提案なども具体的に。
- 記入者の氏名と記入日時を忘れない。

特にミスやトラブルはうそ偽りなく事実を詳細に記述し、読み手に伝わることが重要です。そのためには客観性の高い正確な記録は欠かせません。確かな記録は、自分だけでなくチーム全体のサービスの質の向上にもつながります。

◆参考文献

- 三宅貴夫『認知症の人への対応がよくわかるQ&Aブック　認知症なんでも相談室』日本医療企画、2009年
- 『介護職員初任者研修課程テキスト1　介護・福祉サービスの理解』日本医療企画、2012年
- 『介護職員初任者研修課程テキスト2　コミュニケーション技術と老化・認知症・障害の理解』日本医療企画、2012年

第2章

話のタネの見本帳

—豊かなコミュニケーションのために—

太陽暦と太陰暦を取り入れた生活

現代に息づいている古来の行事や暦の意味を知り、生活に生かす人々を理解する。

正月や節分、春秋の彼岸、夏の盂蘭盆《うらぼん》やお月見など、古くから伝わる行事や風習が日本にはたくさんあります。また、天気予報にしばしば登場する二十四節気なども、生活のなかに取り入れて大切にしている人がたくさんいます。特に高齢者には多く、その人の人生観や価値観の基盤となっていることもあります。

ですから、言葉として知るだけでなく、意味を含めて、さまざまな生活の目安として知っておくと、話題も豊かになりますし、利用者や地域の特性などの理解につながり、高齢者からの共感も得られやすいでしょう。

現代のカレンダー（太陽暦）

明治以降用いられるようになった現代のカレンダー（暦）が、地球が太陽を一周することに基づく太陽暦であることは、皆さんご承知のとおりです。

太陽暦では、閏年《うるうどし》（４で割り切れる年）以外は１年の日数は変わらず、各月の日数も定まっています（閏年の２月以外）。１時間の長さも不変ですが、冬の朝５時はまだ暗く、夏はすでにかなり日が高くなっています。

太陰暦（旧暦）

明治の初めまでの日本が用いていたのは、月の満ち欠けに基づく太陰暦で、月の形を見れば、おおよそ今日が何日かわかりました。満潮と干潮も、月の位置で知っていました。

1日を日の出と日の入りを基点として昼と夜をそれぞれ6つに分けて一刻（約2時間）としていたので、一刻の長さが同じになるのは春分と秋分だけでした。太陰暦の月日は、現在の月日よりも1カ月くらい後に始まりますが、1カ月の長さは約30日で、約3年に一度、季節を調整するために同じ月をもう一度くり返す閏月《うるうづき》（入る月は不定）がありました。

また、十二支は年だけでなく、毎日にも振り分けられ、春分を基点に太陽の位置で1年を24の季節に分ける二十四節気や五節句（人日《じんじつ》、上巳《じょうし》、端午《たんご》、七夕《たなばた》、重陽《ちょうよう》）などとともに、農作業をはじめとするさまざまな生活上の目安や、しきたりなどの参考としていました。

現在も生きる太陰暦

旧暦に基づいている多くの行事や風習が、現在のカレンダーの月日に置き換えられて行われています。そのほか大安や友引、仏滅なども行動の目安として、生活のなかに生きています。

祭り

行事の一つではありますが、各地にたくさんの祭りがあります。特に稲作を中心としてきた農耕民族の日本では、多くの祭りに次のような意味がこめられています。

●春祭り

- 農作物の成長と豊かな実りを願う。

●夏祭り

- 疫病《えきびょう》(重症化しやすい伝染病)や災厄(天変地異や事故など)に遭わないことを願う。
- 台風や虫の害から農作物を守り、豊かな実りを願う。

●秋祭り

- 今年の実り(豊年)を祝い感謝する。

●その他

農村だけでなく、さまざまな地域でいろいろな人たちによって行われる祭りには以下のような意味があります。

- 船の航行の安全と大漁を願い、感謝する。
- 子どもの健やかな成長を願い、祝う(感謝)。
- 商売繁盛を願う。
- 火や水の取り扱いにまつわる安全を願う。
- 貴重な財産であり、家族でもある家畜の健康と安全を願う。

- 先祖の霊を慰め（感謝し）、偉業を讃える。
- 地域の安全と平和、繁栄を願う。
- 人々の罪や穢《けが》れをはらって、この先の健康や安全を願う。

多くは神や仏への祈り（願い、感謝）ですが、意味も方法も千差万別です。また、期間や規模もさまざまで、きりがありません。

最近はこれらの祭や伝統行事が見直され、復活しているところも多いようです。住んでいる地域の祭りをたくさんの人とともに楽しめるといいですね。

1月（睦月《むつき》）

親しみ睦《むつ》む月という意味です。正月とは、本来はこの月全部のことをいいます。

1日：元日。元旦《がんたん》は1月1日の朝のこと。
2日：初夢、初荷、書き初めなど。さまざまな行事の始めの日。
3日：この日までを三が日という。
4日：仕事始め（官公庁は御用始め）。
6日：消防出初式《でぞめしき》。
6日ころ：小寒《しょうかん》。寒の入り。1年で最も寒い時期が始まる。この日から節分までを「寒中」という。
7日：七日正月。多くの地域がこの日までを松の内とし、門松をはずす。七種粥《ななくさがゆ》で祝う。人日《じんじつ》といわれ、五節句のうちの一つ。
11日：鏡開き。地方によって4日のところもある。鏡餅を開き（「切る」とは言わない）、汁粉や雑煮にして食べる。

15日：小《こ》正月。女《おんな》正月（年始も忙しい女性が年始回りなど自分の時間がもてるようになるとした日、20日の地域もある）。注《し》連飾《めかざ》りをこの日にはずすところが多い（注連の内）。小豆粥《かゆ》や汁粉で祝う。

17日：阪神淡路震災記念日。1995（平成7）年の大震災の犠牲者を慰霊する日。

21日ころ：大寒《たいかん》。ますます寒くなるころ。このころから目に見えて日の暮れ（日没）が遅くなり、そのことを「日脚伸《ひあしの》ぶ」という。

第2月曜日：成人の日。

2月（如月《きさらぎ》）

さらに着込むことによる名称といわれますが、暦のうえでは春を迎えます。

3日ころ：節分。この日までが暦のうえでは冬。一般に豆をまき、数え年（その年の誕生日後の年齢に1歳加える）の数またはもう1つ加えた数の豆（例：その年に30歳になるのなら31個または32個）を食べて厄を払い、福をまねく（追儺《ついな》、鬼やらい）。

4日ころ：立春（旧暦ではこの日からが新年）。暦上は春になり、以後の寒さは、「余《よ》寒《かん》」「寒の戻り」という。立春以降、初春、早春、仲春、晩春と春は進んでいく。

11日：建国記念日。日本が生まれたとされる日。戦前は「紀元節」といった。

14日：聖バレンタインデー。

19日ころ：雨水《うすい》。雪が雨に変わるころ。北国ではまだまだだが…

3月（弥生《やよい》）

草木がますます生い茂る「いやおい」から転じた名称です。気象学的には3～5月が春で、日暮れが遅くなり、昼間が長くなることを「日《ひ》永《なが》」といいます。

3日：**雛《ひな》祭り**。桃の節句。女の子の健やかな成長を祈り、祝う日（上巳《じょうし》の節句）。月遅れや旧暦で祝う地域もある。

5日ころ：**啓蟄《けいちつ》**。地中の虫もそろそろ地表に出てくるころ。

11日：**東日本震災記念日**。2011（平成23）年の三陸沖を震源とする巨大地震と大津波による犠牲者を慰霊する日。

14日：**ホワイトデー**。

21日ころ：**春分の日**。昼夜の長さが同じになる日。彼岸の中日《ちゅうにち》。この日をはさんで前後1週間が春の彼岸。

4月（卯月《うづき》）

干支の４番目のうさぎの月、または、卯の花が咲くころの説があります。

日本では新年度（４月から翌年３月までの１年間を「年度」という）となり、入学式、入社式が行われるなど、新しい生活が始まります。

4日ころ：清明《せいめい》。多くのところでは桜などが咲き、天地が清新の気に満ちるころ。
20日ころ：穀雨《こくう》。このころの雨は田畑を潤し、穀物の成長を助ける。
29日：昭和の日。昭和天皇の誕生日。

5月（皐月《さつき》、五月《さつき》）

早苗（稲の苗）をとる月の略称といわれます。

1日：メーデー。労働者の日。
2日ころ：八十八夜。立春から数えて88日目。「八十八夜の別れ霜」といわれ、霜の害も減り、農作業に適した気候となる。
3日：憲法記念日。第二次世界大戦（太平洋戦争）後に日本国憲法が施行された日。
4日：みどりの日。
5日：こどもの日。端午《たんご》の節句。男子の健やかな成長を祈り、祝う日。
6日ころ：立夏。この日から暦のうえでは夏となる。これから1カ月くらいが初夏。このころの気持ちのよい気候を「すがすがしい」という。
21日ころ：小満《しょうまん》。陽気盛んにして万物しだいに長じて満つるという意味。
第2日曜日：母の日。

6月（水無月《みなづき》）

梅雨《つゆ》があけて水も涸《か》れるころ、または水を田に注ぎ入れることによる水の月という意味です。気象学的には6～8月が夏です。

1日：**衣更え**（衣替え）。この日から制服などは夏服を着る（目安）。

6日ころ：**芒種《ぼうしゅ》**。芒《のぎ》（花の外にある棘《とげ》のようなもの）のある穀物（米や麦など）を蒔く時期。

10日：**時の記念日**。

中旬ころ：**入梅《にゅうばい》**（梅雨入り）。梅の実が太り、収穫するころなので梅雨という。地方によって梅雨の時期には差があり、本州の大部分が梅雨に入るころに沖縄では梅雨が明ける。一方、北海道には梅雨がないといわれている。梅雨入り前の梅雨のような日々を走り梅雨、梅雨の雨を五月雨《さみだれ》という。

21日ころ：**夏至**。北半球では昼間が最も長く、夜が短い日。夏至祭を行う国や地域もある。

23日：沖縄慰霊の日。第二次世界大戦で唯一地上戦がくり広げられた沖縄の戦没者を慰霊する日。沖縄県が制定。

第3日曜日：父の日。

7月（文月《ふづき》）

七夕の短冊を書くことなどによる名称です。

2日ころ：半夏生《はんげしょう》。半夏（半夏生草）という薬草が生ずるころ。二十四節気ではないが、この日までに田植えは終えるものとされ、さまざまな禁忌（してはいけないこと）や物忌《ものい》み（不吉としてある物事を忌むこと）があった。
7日：七夕祭り。七夕竹（笹）に五色の短冊をつるし、書道や裁縫の上達を祈る。このころは雨が多く、星の見えない場合も多い。そのため仙台などのように、月遅れで行うところも多い。
8日ころ：小暑《しょうしょ》。このころに梅雨が明け、本格的な暑さが始まる。「梅雨明け十日」はおおむね晴天が続くといわれる。梅雨明けまたは小暑から立秋の前日までを暑中という。

20日ころ：土用の入り。農作業上の大切な時期で、立秋前日までの18日間の丑《うし》の日が「土用の丑の日」。したがって１回の年と２回の年がある。土用は各季節の終わりにあるが、一般的には夏の土用を指す。

23日ころ：大暑《たいしょ》。夏の暑さが絶頂を迎えるころ。暦のうえでは晩夏になる。

第３月曜日：海の日。四面を海に囲まれた海洋国日本が、海の恩恵に感謝し、繁栄を願う日。

8月（葉月《はづき》）

現在ではなじみませんが、葉が色づき始めるころ、または葉が落ち始めるころという意味での名称です。

6日：**広島平和記念日**。1945（昭和20）年、世界で初めて広島に原爆が投下された日。

8日ころ：**立秋**。暦のうえではこの日から秋となり、以降の暑さは残暑という。

9日：**長崎原爆の日**。1945年のこの日に長崎に原爆が投下された。

15日：**終戦記念日**。第二次世界大戦（太平洋戦争）が終わった日。

23日ころ：**処暑《しょしょ》**。暑さもようやくおさまり、朝夕は秋の気配もしてくるころ。

9月（長月《ながつき》）

夜がしだいに長くなるという意味の名称です。気象学的には9～11月が秋で、初秋、仲秋、晩秋と進みます。旧暦8月15日がお月見で、この日の月が美しいことを名月といいます。

1日：防災の日。1923（大正12）年のこの日に発生した関東大震災にちなんだもの。

1日ころ：二百十日。立春からの日数で、しばしば襲来する台風による農作物の被害を防ぐために警戒を呼びかけた。二百二十日も同じ意味がある。

8日ころ：白露《はくろ》。秋も本格的になり、早朝の草に露がつくころ。

23日ころ：秋分の日。昼夜の長さが同じになる日。彼岸の中日《ちゅうにち》。この日をはさむ前後1週間が秋の彼岸。

第3月曜日：敬老の日。

10月（神無月《かんなづき》）

八百万《やおよろず》の神々が出雲大社《いずもたいしゃ》へ旅立って、各地の氏神が留守になることから名づけられました。出雲地方では「神有月《かみありづき》」などといいます。

1日：衣更え（衣替え）。この日から制服などを冬服にする（目安）。

8日ころ：寒露《かんろ》。朝晩の寒さが募り、朝露の冷たさが身にしみるころ。北海道では初氷が見られるところも。

23日ころ：霜降《そうこう》。霜が降るほど冷えるようになってきたころ。

第2月曜日：体育の日。1964（昭和39）年、日本で最初のオリンピックが東京で開催されたことにちなんで設けられた。

11月（霜月《しもつき》）

霜がしきりに降るようになるころという意味の名称です。

3日：文化の日。明治天皇の誕生日。戦前は「明治節」といわれた。

7日ころ：立冬。暦のうえではこの日から冬になり、日脚が目だって短くなる。立冬以後の約1カ月間における春のような穏やかで暖かい日を、小春日《こはるび》、小六月《ころくがつ》という。

22日ころ：小雪《しょうせつ》。北国から雪の便りが届き始めるころ。

23日：勤労感謝の日。

12月(師走《しわす》、極月《ごくげつ》)

師(僧侶)も走るほど忙しいころ、また年が極まった月の意味です。歳末や歳晩《さいばん》、歳暮《せいぼ》も同じ意味ですが、歳暮は1年の感謝を伝える贈り物を指すこともあります。気象学的には12月から翌年2月までが冬になります。20日を過ぎると、数え日といい、いよいよ今年も残す日が一桁になったことを表します。

7日ころ:大雪《たいせつ》。しばしば雪が降るようになるころ。北国では根雪(春まで融けずに積もる雪)となる雪が降ることも。

21日ころ:冬至。北半球では1年で最も昼が短く、夜が長い日。かぜを引かないように柚子《ゆず》湯に入り、かぼちゃ(冬至南瓜)を食べる。実際には、日没は冬至の10日前くらいが最も早く、日の出はこの後も遅くなっていく。

23日:天皇誕生日。

25日：クリスマス。キリストの誕生日。24日はクリスマスイブ。

28日：官公庁の御用納め。民間企業では29日以降に仕事納めをするところが多い。

31日：大晦日《おおみそか》。1年最後の日。年の夜は大晦日の夜のこと。大祓《おおはらえ》（心身の穢《けが》れをはらい清めること）をはじめ、除夜の鐘、年越しそばなど、各地にさまざまな年越しの行事や風習がある。

豊かな四季と親しむ

季節ごとの山野に、街の片隅にもある豊かな四季を知り、会話の糸口やこころの糧《かて》にする。

目にとまった花や生き物の名前がわかれば、車いすでの外出時をはじめ多くの場面で、利用者に話かける糸口がつかみやすくなります。

春の植物

- **草木の花：**福寿草、梅、まんさく、山茱萸《さんしゅゆ》、沈丁花《じんちょうげ》、馬酔木《あしび》、辛夷《こぶし》(田植え桜)、雪柳、木蓮《もくれん》、三椏《みつまた》、連翹《れんぎょう》、椿、満天星《どうだん》、山樝子《さんざし》、桜、桃、林檎《りんご》、梨《なし》、杏《あんず》、猫柳《ねこやなぎ》、李《すもも》、藤、こでまり、いぬふぐり、れんげ、木瓜《ぼけ》、チューリップ、クロッカス、ヒヤシンス、菜の花、都忘れ、すみれ、クローバー、なずな(ぺんぺん草)、たんぽぽ、桜草(プリムラ)、一輪草、雪割草、金鳳花《きんぽうげ》、母子草、かたくり、苧環《おだまき》、オキザリス、フリージア、アネモネ、金盞花《きんせんか》、雛菊《ひなぎく》(デージー)、シネラリア、楓《かえで》、杉、檜《ひのき》、海棠《かいどう》、ライラック、躑躅《つつじ》、山吹、春蘭《しゅんらん》、スイトピーなど。

最も多くの花が咲き、草木の芽吹く時期を「木《こ》の芽時《めどき》」といいます。

春の生き物

- **昆虫と爬虫類《はちゅうるい》など**：おたまじゃくし、蛙《かえる》、蜂《はち》、蝶《ちょう》、虻《あぶ》、田螺《たにし》、蜷《にな》など。
- **鳥**：鶯《うぐいす》、雉《きじ》、雲雀《ひばり》、鷽《うそ》、頬白《ほおじろ》、燕《つばめ》など。

日本で冬を過ごす鳥と夏を過ごす鳥が入れ替わります。卵を産み子育てする姿も多くなります。

夏の植物

- **草木の花：**薔薇《ばら》、牡丹《ぼたん》、芍薬《しゃくやく》、紫陽花《あじさい》、石楠花《しゃくなげ》、さつき、梔子《くちなし》、金雀枝《えにしだ》、泰山木《たいさんぼく》、朴《ほう》、卯の花(空木《うつぎ》)、桐、栃、棕櫚《しゅろ》、えご、合歓《ねむ》、木斛《もっこく》、玫瑰《はまなす》、蜜柑《みかん》、ジャスミン、ハイビスカス、凌霄花《のうぜんか》、夾竹桃《きょうちくとう》、梯梧《でいご》、百日紅《さるすべり》、石榴《ざくろ》、すいかずら、アカシア、沙羅(夏椿)、杜若《かきつばた》、あやめ、菖蒲《しょうぶ》、著莪《しゃが》、擬宝珠《ぎぼうし》、水芭蕉、ダリヤ、向日葵《ひまわり》、葵《あおい》、ポピー、紫蘭、芥子《けし》、カーネーション、睡蓮(未草《ひつじぐさ》)、蓮、百合、鉄線、眠り草、松葉牡丹、サボテン、花魁草《おいらんそう》、アマリリス、百日草、紅花、昼顔、月見草、沢瀉《おもだか》、河骨《こうほね》、浜木綿《はまゆう》、どくだみ、文字摺草《もじずりそう》、蛍袋《ほたるぶくろ》、時計草、鷺草《さぎそう》、虎耳草《ゆきのした》、朝顔など。
- **草木の実：**さくらんぼ、枇杷《びわ》、木苺《きいちご》、夏蜜柑《なつみかん》、ゆすらうめ、梅、李《すもも》、杏《あんず》、桃など。

　引き続きたくさんの花が咲き、実りも始まります。新緑は若葉となり、さらに色濃くなると青葉と呼ばれます。風薫る(薫風)は若葉・青葉のころの風を形容する言葉です。

夏の生き物

- **昆虫と爬虫類など**:雨蛙、河鹿《かじか》、井守《いもり》(赤腹)、守宮《やもり》、蜥蜴《とかげ》、蛇、山椒魚《さんしょううお》、舟虫、蛾《が》、蛍、夜《よ》盗虫《とうむし》、毛虫、尺取虫、甲(兜)虫、鍬形《くわがた》、玉虫、天道虫、黄金虫(金亀虫)、みずすまし、揚羽蝶、蝉《せみ》、蚊、蠅《はえ》、草蜉蝣《かげろう》(優曇華《うどんげ》)、薄翅蜉蝣《うすばかげろう》、羽蟻、蜘蛛《くも》、百足《むかで》、蝸牛《かたつむり》、金魚、目高、水母《くらげ》など。
- **動物と鳥**：蝙蝠《こうもり》、時鳥《ほととぎす》(不如帰)、郭公《かっこう》、仏《ぶっ》法僧《ぽうそう》、青葉木菟《あおばずく》、駒鳥、雷鳥、葦切《よしきり》、翡翠《かわせみ》、鷺《さぎ》、鵜《う》、三光鳥、大瑠璃《おおるり》、目白、四十雀《しじゅうから》、山《やま》雀《から》、鯵刺《あじさし》など。

たくさんの生き物が活発に飛び回り、子も生まれます。

秋の植物

- **草木の花**：萩、木犀《もくせい》、木槿《むくげ》、芙蓉《ふよう》、カンナ、鶏頭《けいとう》、葉鶏頭(かまつか)、コスモス(秋桜)、白粉花《おしろいばな》、鳳仙花、秋海棠《しゅうかいどう》、菊、野紺菊(野菊)、磯菊、紫苑《しおん》、弁慶草、藍《あい》、薄《すすき》(芒)、荻《おぎ》、葛《くず》、撫子《なでしこ》、曼珠沙華《まんじゅしゃげ》(彼岸花)、藤袴《ふじばかま》、女郎花《おみなえし》、男郎花《おとこえし》、桔梗《ききょう》、竜胆《りんどう》、みそはぎ、水引草、赤まんま(犬蓼《いぬたで》)、杜鵑草《ほととぎす》、松虫草、露草、鳥《とり》兜《かぶと》、茜草、吾亦紅《われもこう》など。
- **草木の実**：栗、胡桃《くるみ》など各種木の実(どんぐり)、梨《なし》、林檎《りんご》、柿、無花果《いちじく》、葡萄《ぶどう》、石榴《ざくろ》、酢橘《すだち》、柚子《ゆず》、花梨《かりん》、ぐみ、まるめろ、糸瓜《へちま》、ひょうたん、烏瓜《からすうり》、梔子《くちなし》、檸檬《れもん》など。

秋の七草は「萩、薄(尾花)、葛、撫子、女郎花、藤袴、桔梗」ですが、桔梗の代わりに朝顔を入れる場合もあります。多くの草や木では種や実が熟し、収穫時期を迎えます(実りの秋)。また、茸《きのこ》類もたくさん生えてきますし、草や木の紅(黄)葉や落葉が始まります。

秋の生き物

- **昆虫など**：蜩《ひぐらし》(かなかな)、法師蝉《ほうしぜみ》(つくつくほうし)、蜻蛉《とんぼ》(赤蜻蛉、鬼やんま、精霊蜻蛉《しょうりょうとんぼ》など)、竈馬《かまどうま》(いとど)、蟋蟀《こおろぎ》、鈴虫、松虫、邯鄲《かんたん》、鉦叩《かねたたき》、草雲雀《くさひばり》、きりぎりす、馬追、轡《くつわ》虫、飛蝗《ばった》、蝗《いなご》、蟷螂《かまきり》、浮塵子《うんか》、蓑虫《みのむし》(鬼の子)、茶立虫、放屁虫《へひりむし》(屁《へ》こき虫)など。
- **動物と鳥**：猪、鹿、鵙《もず》(百舌《もず》)、鵯《ひよどり》、鶸《ひわ》、鶫《つぐみ》、鶺鴒《せきれい》、椋鳥《むくどり》、鶉《うずら》、啄木鳥《きつつき》、鴫《しぎ》、雁《かり》、など。

たくさんの虫たちがさまざまな声(実際は翅《はね》を擦り合わせる音)を立てます(虫の音)。秋も深まってくると、北の国から多くの鳥たちが冬を過ごすために渡ってきます。一方、爬虫類《はちゅうるい》や熊などは冬眠の支度を始めます。

冬の植物

- **草木の花**：茶、山茶花《さざんか》、八手《やつで》、ポインセチア、枇杷《びわ》、柊《ひいらぎ》、寒菊（冬菊）、水仙（日本水仙、野水仙）、葉牡丹《はぼたん》、石路蕗《つわぶき》、寒椿（冬椿）、臘梅《ろうばい》など。
- **草木の実**：千両、万両、藪柑子《やぶこうじ》、南天、竜の玉（蛇《じゃ》の髯《ひげ》の実）、など。

落ち葉が町を彩り、枯葉が舞います。花は一見すると地味ですが、長く咲くものが多いようです。薔薇《ばら》や牡丹《ぼたん》なども冬囲いをして咲かせていたりします（冬薔薇、寒牡丹など）。初冬のころに桜や躑躅《つつじ》などが咲くと「帰り花」といいます。また、冬桜といって10月末ころや寒中にかけて咲く桜もあります。万両や千両などの赤い実は、色の少なくなった庭などで目立ち、名前のめでたさもあって正月の鉢植えや切花などに用いられます。松などの庭木の雪折れを防ぐために、枝を支柱からの縄で吊り上げる雪吊《ゆきつ》りや、藪巻《やぶまき》も行われます。

冬の生き物

- **昆虫など**：綿虫（雪蛍）など。
- **動物と鳥**：狐、鼬《いたち》、むささび（ももんが）、兎《うさぎ》、鷹《たか》、鷲《わし》、梟《ふくろう》、木菟《みみずく》、三十三才《みそさざい》、鴨、都鳥（百合鷗《ゆりかもめ》）、鴛鴦《おしどり》、千鳥、鳰《かいつぶり》、鶴、白鳥、など。

浮いたまま寝ている水鳥を「浮寝鳥《うきねどり》」といい、この時期の湖沼や池、川などで群れているのをよく見かけます。

旬の食べ物と季節の献立

栄養価が高く、その季節に合った働きを体にもたらす旬の食べ物を知り、共通の話題とする。

ハウス(温室)や工場で生産される野菜や、冷凍された魚介類そして、外国からの輸入品などが1年中出回ります。しかし旬(最も盛んに実り、獲れる時期)のものは、値段が安いだけでなく、栄養価が最も高く、その季節に合った働きを体にもたらしてくれます。

季節感だけでなく、地域に根ざした風習やそれに伴う作法なども楽しんで受け継ぎ、共通の話題にできるといいですね。

新年の献立

雑煮を食べることも「祝う」といい、雑煮やお節《せち》を食べる際には、太箸《ふとばし》または柳箸《やなぎばし》という白木の箸を新たにおろして用います。

- **雑煮**：出汁や具材は地域性が強い。澄し汁、味噌仕立て、餅も四角、丸餅、餡《あん》の入った丸餅などさまざま。
- **お節**：煮しめ、勝ち栗、昆布巻き、ごまめ（田作り）、きんとん、黒豆、膾《なます》、蒲鉾、数の子、伊達巻など。重箱（お重、食積《くいつみ》）に詰めて供する三が日のもてなし料理。
- **屠蘇《とそ》**：日本酒または味醂《みりん》に肉桂《にっけい》、山椒《さんしょ》などを調合したものを浸した薬酒。年少者から飲み始め、年長者が最後に祝う。
- **七種粥《ななくさがゆ》**：正月７日に、春の七草「芹《せり》、薺《なずな》、御《ご》形《ぎょう》（おぎょう）、繁縷《はこべら》、仏座《ほとけのざ》、菘《すずな》（蕪《かぶ》）、蘿蔔《すずしろ》（大根）」の若菜を刻んで粥に炊き込み、無病息災を祈る行事。ご馳走で疲れた胃腸を休める意味合いもある。

春の食材

- **山菜**：蕗《ふき》のとう、こごみ、楤《たら》の芽、蕨《わらび》、薇《ぜんまい》、こしあぶら、行者にんにく、野蒜《のびる》、蓬《よもぎ》、土筆《つくし》、みず、山独活《やまうど》、嫁菜《よめな》など。
- **野菜類**：独活、ほうれん草、春キャベツ、三つ葉、春菊、水菜、からし菜、絹さや(さやえんどう)、菜の花、グリーンピース(えんどう豆)、筍《たけのこ》、蕗、明日葉《あしたば》、高菜、大蒜《にんにく》など。
- **海藻類**：若布、海苔《のり》、おご(うご)など。
- **魚介類**：白魚《しらうお》、桜鯛、公魚《わかさぎ》、蛍烏賊《ほたるいか》、鰊《にしん》、鰆《さわら》、いかなご(小女子《こうなご》)、飯蛸《いいだこ》、貝類(浅蜊《あさり》、蛤《はまぐり》、栄螺《さざえ》、赤貝、青柳《あおやぎ》など)など。
- **果物**：ぽんかん、たんかん、三宝柑《さんぼうかん》、はっさく、伊予柑《いよかん》、苺《いちご》など。

春の献立

- **ちらし寿司**：雛《ひな》祭などの祝い膳に、太巻き寿司や蛤の潮汁《うしおじる》(澄し汁)などとともにのることが多い。「ばら寿司」や「五目寿司」ともいう。

- **ぬた**：葱《ねぎ》と魚介類（貝類や烏賊《いか》など）を酢味噌で和えたもの。関西では、葱の芯が飛び出すことから「鉄砲和《てっぽうあ》え」ともいう。若布などを加えることもある。
- **辛し和え**：菜の花などの青物を、辛子《からし》を利かせた和え衣で和えたもの。
- **木の芽和え**：山椒《さんしょう》の若葉（木の芽）をすり鉢であたり、白味噌に混ぜ和え衣にしたもの。筍《たけのこ》の木の芽和えなど。
- **山菜料理**：山菜にはたくさんの種類があるが、一般的には天ぷらやお浸し、和え物などにすることが多い。その他、油いためなどにもする。また、保存食として塩漬けなどにする。

夏の食材

- **野菜類**：トマト、アスパラガス、キャベツ、蚕豆《そらまめ》、ささげ、いんげん豆、胡瓜《きゅうり》、茄子《なす》、冬瓜《とうがん》、オクラ、ズッキーニ、南瓜《かぼちゃ》、玉ねぎ、らっきょう、ピーマン、唐辛子、ゴーヤ、とうもろこし、枝豆、じゅんさい、モロヘイヤなど。
- **海藻類**：ふのり、荒布《あらめ》など
- **魚介類**：鰹《かつお》、山女《やまめ》、岩魚《いわな》、鮎《あゆ》、鱚《きす》、鯵《あじ》、鯖《さば》、飛魚《とびうお》、鱧《はも》、穴子、鰻《うなぎ》、鮑《あわび》、蝦蛄《しゃこ》、黒鯛（ちぬ）、蜆《しじみ》（土用蜆）など。
- **果物**：夏蜜柑《なつみかん》、李《すもも》、杏《あんず》、さくらんぼ、梅、ブルーベリー、ラズベリーなど、枇杷《びわ》、西瓜《すいか》、メロン、ライチ、キウイ、パイナップル、バナナ、マンゴー、楊梅《やまもも》、桃など。

夏の献立

- **寿司(鮨、鮓)**：酢を用いることで、腐敗を防ぐ効果があり、各地でさまざまな寿司が考案された。ご飯だけでなく、鯖《さば》、鱧《はも》、鯵《あじ》、鮎《あゆ》など、魚を酢でしめるものも多く、各地で祭りなどの行事食やもてなし料理となっている。
- **素麺《そうめん》、冷麦《ひやむぎ》**：素麺や冷麦は、つけ汁も麺も冷たくすると、のど越しがよくなり、食欲がないときでも食べられる。茗荷《みょうが》や紫蘇《しそ》の葉、芽葱《めねぎ》(あさつき)、生姜《しょうが》などを薬味にしたり、つけ汁に椎茸《しいたけ》や茄子《なす》などを入れたりする。
- **ラタトゥーユ**：ベーコンとパプリカやズッキーニなどの夏野菜をオリーブオイルで炒め、トマトを加えて煮たもの。意外とあっさりしている。にんにくを利かせてもよい。
- **スムージー**：ミキサーで作る野菜と果物の飲み物。ジュースのように漉《こ》さないので、食物繊維とビタミン類がしっかりとれる。冷蔵庫で冷やしてもよい。

秋の食材

- **野菜類**：里芋、薩摩芋《さつまいも》(甘藷《かんしょ》)、じゃがいも(馬鈴薯)、秋茄子《なす》、長芋、自然薯《じねんじょ》、つくね薯《いも》、むかご(ぬかご)、唐辛子《とうがらし》、生姜《しょうが》、紫蘇《しそ》(実)、大豆、小豆、落花生、刀豆《なたまめ》、菊花、胡麻《ごま》、蕎《そ》麦《ば》など。
- **きのこ**：松茸、しめじ、椎茸《しいたけ》、初茸、山伏《やまぶし》茸《たけ》、なめこ、榎茸《えのきだけ》、舞茸など。
- **魚介類**：鯊《はぜ》、鰯《いわし》、秋鯖《あきさば》、秋刀魚《さんま》、鮭《さけ》など。
- **果物**：無花果《いちじく》、通草《あけび》、葡萄《ぶどう》、梨《なし》、石榴《ざくろ》、ぐみ、柿、銀杏《ぎんなん》など。

秋の献立

- **秋刀魚の塩焼き**：秋の代表的な焼き魚。１匹丸ごとに塩をふって焼き、大根おろしや酢橘《すだち》などを添える。はらわたまで味わうのが通。
- **菊膾《きくなます》**：菊の花びらをさっと茹で、甘酢で合えたもの。黄菊、薄紅の菊など地方によって用いられる花が異なる。
- **芋煮**：里芋のほか、たくさんの野菜やきのこを入れた味噌仕立ての汁もの。地域によって行事食として、しばしば屋外で大鍋で料理され、振る舞われる。
- **茄子の田楽《でんがく》**：茄子を縦半分に切り、油で揚げたものに、味噌を酒や味醂《みりん》で調味・のばしたものを塗り、木の芽（山椒《さんしょう》の葉）や胡麻《ごま》などを振る。茄子は油や味噌と相性がよいので、いろいろな料理法がある。田楽はこんにゃくや豆腐でもおいしい。
- **炊き込みご飯**：栗や松茸などのきのこ、むかごなどを入れて炊き込んだ味つきご飯。

冬の食材

- **野菜類**：葱《ねぎ》（根深）、白菜、葉物野菜（小松菜、野沢菜、広島菜、酢茎菜《すぐきな》、鰹菜《かつおな》、信夫菜《しのぶな》など）、蓮根、大根、蕪《かぶ》、人参、ブロッコリー、カリフラワー、芽キャベツなど。
- **魚介類**：鰰《はたはた》、鰤《ぶり》、鱈《たら》、鮟鱇《あんこう》、氷魚《ひうお》、平目《ひらめ》（鮃《ひらめ》）、河豚《ふぐ》、氷下魚《こまい》、魦《いさざ》、海鼠《なまこ》、牡蠣《かき》、蜆《しじみ》（寒蜆）、寒鯉など。

果物：林檎《りんご》、蜜柑《みかん》（温州《うんしゅう》みかん）、干し柿、柚子《ゆず》、橙《だいだい》など。

冬の献立

- **鍋物**：鋤《すき》焼き、寄せ鍋、しゃぶしゃぶ、鮟鱇鍋、てっちり（河豚《ふぐ》鍋）、石狩鍋、飛鳥《あすか》鍋、おでん、キムチ鍋、湯豆腐、土手鍋《どてなべ》など、メインとするものによって、味つけによって、また、地域によって実に多彩な鍋料理がある。シチューなども一種の鍋料理といえる。
- **蕪《かぶ》の塩麹《しおこうじ》**：蕪は薄くスライスし、細かく刻んだ葉と塩麹だけで和えしばらく置いたもの。漬物の代わりや箸《はし》休めに最適。塩麹は塩よりも塩分量が少なく、うまみ成分が多い。

- **煮林檎《にりんご》**：くし型に切った林檎に砂糖をからめ、水を入れずに林檎の水分だけで煮たもの。仕上げに入れるバターやラム酒、シナモンなどで風味も変わり、温かいうちにそのまま食べてもよいし、冷めてからヨーグルトやアイスクリームと合わせてもよい。
- **葛湯**：葛の粉に熱湯を注ぎかきまぜたもの。さまざまな味のものがある。かぜやおなかの調子が悪いときなどに身体をあたためてくれる。

日本の国を知ろう

都道府県の位置と名所、名産など

都道府県の名前から、その地方の気候風土や名物などを想像し、会話を楽しむ。

南北に細長い日本には、47の都道府県があります。いくつかをまとめて「○○地方」という呼び方をすることもよくあります。

利用者の出身地がわかったときに、地図を頭に描いてみれば、地方や都道府県の位置などから、その土地の気候風土が想像できるはず。また、そこの花や木、名所・旧跡、名産などもわかれば、打ち解けるには絶好の話題になること請け合いです。

右の地図中の数字は、表に示す都道府県の番号です。また、図の横に地方名を記しましたが、九州と沖縄は一緒に、石川・富山・福井を北陸地方、静岡・愛知・岐阜を東海地方、山梨・新潟・長野を甲信越地方とすることもあります。

番　号	地方名
1	北海道地方
2～7	東北地方
8～13	関東地方
14～23	中部地方
24～30	関西地方
31～35	中国地方
36～39	四国地方
40～46	九州地方
47	沖縄地方

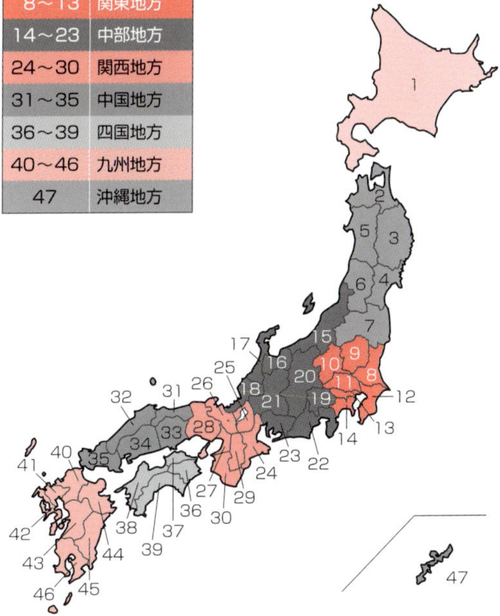

（番号はJIS規格による）

都道府県についての一覧

都道府県（旧国名）	木、花	名所・旧跡	名産・名物など
1北海道（蝦夷）	エゾマツ、ハマナス	札幌（時計台など）、函館（函館山、五稜郭など）、旭川、小樽、稚内、摩周湖、洞爺湖、利尻島、礼文島、知床、釧路湿原、昭和新山など	馬鈴薯、とうもろこし、ハスカップ、夕張メロン、毛ガニ、鮭、氷下魚、昆布、ジンギスカン鍋、流氷、ユーカラ織、イカ、松前漬など
2青森県（陸奥）	ヒバ、りんご	青森、弘前（弘前城など）、八幡平、十和田湖、奥入瀬、十三湖、津軽半島（尻屋崎）、下北半島（竜飛崎）、恐山、三内丸山遺跡など	りんご、にんにく、長いも、しじみ、うに、マグロなど魚介類、南部せんべい、いちご煮、津軽塗、こぎん（刺し子）など
3岩手県（陸奥）	南部赤松、桐の花	盛岡、平泉（中尊寺、毛越寺）、一関、遠野、宮古、厳美渓、猊鼻渓、竜泉洞、小岩井牧場、最上川、早池峰山など	りんご、うに、ほや、ホタテなど魚介類、わんこそば、南部せんべい、ひっつみ、琥珀、南部鉄器、こけし、ホームスパン、遠野物語、など
4宮城県（陸奥）	ケヤキ、ミヤギノハギ	仙台（青葉城）、松島（瑞巌寺、五大堂など）、蔵王、石巻、気仙沼、鳴子温泉、栗駒高原など	牡蠣、さんま、うになど魚介類、ふかひれ、笹かまぼこ、米、長なす、白石温麺、ずんだ餅、若布、牛タン、こけしなど
5秋田県（出羽）	秋田杉、フキノトウ	秋田、田沢湖、八郎潟、大館、白神山地、八幡平、横手、湯田温泉など	じゅんさい、とんぶり、きりたんぽ、ハタハタ、いぶりがっこ、しょっつる、比内地鶏、曲げわっぱ、こけし、かまくら、樺細工など
6山形県（出羽）	サクランボ、紅花	山形、出羽三山（羽黒山、月山、湯殿山）、鳥海山、鶴岡、蔵王、米沢（上杉神社など）、立石寺（山寺）など	さくらんぼ、洋ナシ、もってのほか（食用菊）、だだ茶豆（枝豆）、青菜漬、温海かぶ、牛肉、将棋の駒、麩など

都道府県（旧国名）	木、花	名所・旧跡	名産・名物など
7福島県（陸奥）	ケヤキ、ネモト石楠花	福島、会津若松（鶴ヶ城、さざえ堂など）、会津坂下、相馬、磐梯山、猪苗代湖、喜多方、塩屋崎灯台、いわき、尾瀬など	桃、トマト、イチジク、朝鮮人参、メヒカリ、アンコウなど魚介類、松川海苔、馬肉、会津塗、ろうそく、桐たんす、下駄など
8茨城県（常陸）	梅、バラ	水戸（偕楽園、弘道館など）、大子町（袋田の滝）、筑波山、霞ヶ浦、笠間稲荷神社、鹿島神宮、潮来、五浦（六角堂）、大洗、東海村など	梅干、メロン類、栗、自然薯、納豆、鮎、アンコウなど魚介類、笠間焼、結城紬、大漁旗（万祝）、ほうき、竹矢、梵鐘、張子細工など
9栃木県（下野）	栃の木、ヤシオツツジ	宇都宮、日光（東照宮、輪王寺、二荒山神社）、奥日光（中禅寺湖、華厳の滝など）、鬼怒川、足利、真岡など	イチゴ、かんぴょう、そば、梨（にっこり）、鮎、岩魚、湯葉、日光とうがらし、餃子、しもつかれ、益子焼、鹿沼土、など
10群馬県（上野）	黒松、レンゲツツジ	前橋、富岡、伊勢崎、草津温泉、高崎観音、少林寺、足尾銅山、碓氷峠、妙義山、榛名山、赤城山など	ほうれん草、花豆、下仁田葱、こんにゃく、キャベツ、味噌漬、うどん、伊勢崎絣、桐生織など
11埼玉県（武蔵）	ケヤキ、桜草	さいたま（鉄道博物館など）、川越、熊谷、秩父、長瀞、見沼田んぼなど	金時薯、深谷葱、お茶、五家宝、草加せんべい、塩あんびん、木目込み人形、雛人形、押絵羽子板など
12千葉県（上総、下総、安房）	槙、菜の花	千葉（幕張メッセ）、犬吠崎、銚子、房総、成田空港、成田山新勝寺、印旛沼、手賀沼、九十九里浜、香取神宮など	鰹、マグロ、アワビ、伊勢えび、鯛、くじら、鰯、ハマグリ、あさりなど魚介類、落花生、梨、枇杷、切り花、うちわなど
13東京都（武蔵）	イチョウ、染井吉野	浅草、上野、銀座、新宿、原宿、渋谷、東京スカイツリー、秋葉原、東京タワー、お台場、伊豆七島（大島、三宅島、八丈島など）、小笠原諸島など	小松菜、海苔、くさや、穴子、こはだなど魚介類、ちゃんこ、べったら漬、佃煮、雷おこし、もんじゃ、江戸風鈴、黄八丈、江戸切子など

都道府県（旧国名）	木、花	名所・旧跡	名産・名物など
14神奈川県（武蔵、相模）	イチョウ、山百合	横浜（みなとみらい、中華街など）、鎌倉、大山、江ノ島、大磯、箱根、小田原、葉山、三浦半島など	みかん、お茶、蒲鉾、干物、梅干、鰺、しらす、マグロなど魚介類、中華料理・菓子、スカーフ、寄木細工、鎌倉彫など
15新潟県（越後、佐渡）	雪椿、チューリップ	新潟、佐渡（金山）、新発田、上越、直江津、柏崎、村上、出雲崎、弥彦山など	米、酒、里芋、笹団子、のっぺい汁、小千谷縮、塩沢紬、金属加工品（食器など）、堆朱、トキなど
16富山県（越中）	立山杉、チューリップ	富山、黒部（ダム、トロッコ列車など）、立山、八尾、高岡、氷見、砺波、五箇山、宇奈月温泉など	ほたるいか、紅ズワイガニ、白えび、ぶりなど魚介類、昆布じめ、ますの押し寿司、干し柿、ゆず、黒部スイカ、ひすい、高岡銅器など
17石川県（加賀、能登）	アテ、黒百合	金沢、兼六園、能登半島、輪島、砺波、小松（那谷寺、安宅の関など）、白山、加賀温泉（山代、山中、粟津、片山津など）など	加賀野菜、ぶり、なまこ、加賀料理、蕪すし、麩、和菓子、輪島塗、山中塗、九谷焼、友禅染、金沢箔、牛首紬、刺繍など
18福井県（越前、若狭）	松、水仙	福井、三国、敦賀、小浜、若狭、三方五湖、九頭竜川、越前海岸、東尋坊、芦原温泉、永平寺など	鯖、若狭カレイ、白えび、ぐじ、越前がになど魚介類、小鯛の笹漬け、胡麻豆腐、眼鏡のフレーム、越前和紙、若狭塗など
19山梨県（甲斐）	楓、富士桜	甲府、富士山、青木が原樹海、忍野八海、富士五湖（河口湖、本栖湖、精進湖、西湖、山中湖）、富士吉田、塩山、大菩薩峠など	ぶどう、桃、李、杏などの果物、ワイン、ほうとう、水晶細工、甲州印伝、硯、印鑑、甲斐犬など

都道府県（旧国名）	木、花	名所・旧跡	名産・名物など
20長野県（信濃）	白樺、リンドウ	長野、松本（松本城、善光寺など）、諏訪湖、諏訪大社、志賀高原、佐久、小諸、信濃川、千曲川、伊那、軽井沢、八ヶ岳、姥捨、上高地など	野沢菜、りんご、杏、ぶどう、ブルーベリー、桃など果物、鯉、鮎、ウグイなど川魚、味噌、おやき、そば、木曽漆器、信州紬、松本家具など
21岐阜県（飛騨、美濃）	イチイ、レンゲソウ	岐阜、下呂、飛騨高山、郡上八幡、大垣、金華山、白川郷、長良川、北アルプス、馬籠宿、関が原など	鮎、山女、岩魚、赤かぶ、富有柿、朴葉味噌、五平餅、木曽檜、合掌造り、鵜飼い、関の刃物類、春慶塗、一刀彫、岐阜提灯、美濃和紙など
22静岡県（伊豆、駿河、遠江）	木犀、ツツジ	静岡、富士山、伊豆半島（天城山、下田、修善寺、石廊崎、七滝など）、浜名湖、浜松、天竜川、大井川、富士川、掛川など	お茶、わさび、イチゴ、みかん、鰻、トラフグ、金目鯛、桜海老、伊勢えびなど魚介類、猪肉、わさび漬、雛道具、韮山の反射炉など
23愛知県（三河、尾張）	ハナノキ、カキツバタ	名古屋（名古屋城など）、豊橋、常滑、犬山城、明治村、熱田神宮、豊橋、日間賀島、豊川稲荷など	メロン、菊、柿、鰻、名古屋コーチン、味噌煮込うどん、八丁味噌、きしめん、稲荷寿司、瀬戸物、常滑焼、有松絞り、三州瓦など
24三重県（伊勢、志摩、伊賀、紀伊）	神宮杉、花菖蒲	津、伊勢（伊勢神宮、二見浦など）、志摩、鳥羽、賢島、大王崎、答志島、伊賀、甲賀、赤目四十八滝など	伊勢えび、アワビ、秋刀魚、牡蠣など魚介類、松阪牛、真珠、しぐれ蛤、生姜糖、真珠、伊賀焼、萬古焼、伊勢型紙など
25滋賀県（近江）	もみじ、石楠花	大津、彦根城、琵琶湖、草津、近江八幡、石山、信楽、比叡山、比良山など	鮎、もろこなど淡水の魚介類、鮒鮨、鮒のこまぶし、米、牛肉、信楽焼き、仏壇、近江上布など

都道府県（旧国名）	木、花	名所・旧跡	名産・名物など
26京都府（山城、丹波、丹後）	北山杉、しだれ桜	京都、多くの神社仏閣、祇園、嵐山、鴨川、桂川、宇治川、天橋立、舞鶴、丹後、宇治など	京野菜、お茶、筍、鯖寿司、鱧料理など京料理、塩鯖、漬物、友禅染、西陣織、清水焼、粟田焼、北山杉の床柱など
27大阪府（河内、摂津、和泉）	イチョウ、梅・桜草	大阪（道頓堀、大阪城、通天閣、新世界、四天王寺など）、万博公園、堺、岸和田、高槻、箕面など	泉州水なす、大阪ふき、お好み焼き、たこ焼き、うどん、粟おこし、岩おこし、堺の刃物類、木綿など
28兵庫県（播磨、但馬、淡路）	クスノキ、ノジギク	神戸（異人館、六甲山など）、芦屋、甲子園、姫路城、淡路島、明石、赤穂、篠山、有馬温泉、明石大橋、城崎温泉、余部（鉄橋）など	玉ねぎ、黒豆、松茸、鯛、蛸などの魚介類、牛肉、塩、酒（灘）、毛鉤、出石焼、宝塚歌劇など
29奈良県（大和）	杉、奈良八重桜	奈良、多くの神社仏閣、明日香、天理、吉野（桜、金峯山寺など）、橿原、生駒、十津川、大峰山、大和郡山など	柿、吉野葛、桜の花漬、精進料理、柿の葉寿司、奈良漬、三輪素麺、墨、筆、茶筅、晒、一刀彫、鹿角細工、吉野杉など
30和歌山県（紀伊）	ウバメ樫、梅	和歌山（紀三井寺など）、有田、白浜、高野山（金剛峰寺など）、那智勝浦（那智の滝など）、熊野（熊野三山、熊野古道など）、潮岬など	みかん、三宝柑、八朔など柑橘類、梅干、くじら、クエ、太刀魚など魚介類、なれ寿司、高野豆腐、目はりすし、秋刀魚の棒寿司、備長炭など
31鳥取県（因幡、伯耆）	大山キャラボク、20世紀梨の花	鳥取、鳥取砂丘、大山、倉吉、境港（妖怪ロード）、白兎海岸、三朝温泉、皆生温泉など	らっきょう、20世紀梨、スイカ、松葉がに、岩牡蠣など魚介類、因州和紙、石灯籠、妖怪（水木しげる）など
32島根県（出雲、石見、隠岐）	黒松、牡丹	松江（松江城など）、出雲（出雲大社など）、米子、津和野、宍道湖、日御碕、隠岐の島、石見銀山、玉造温泉など	どじょう、シジミ、ノドグロ、カレイ、かになど魚介類、イチジク、津田かぶ、和菓子、和紙、出雲めのう、刀剣、そろばん、石見神楽など

都道府県（旧国名）	木、花	名所・旧跡	名産・名物など
33岡山県（美作、備前、備中）	赤松、桃の花	岡山〔岡山城（烏城）、後楽園など〕、倉敷、津山、高梁、総社、備前など	白桃、マスカットなど果物、吉備団子、祭すし、ままかり、いかなご、太刀魚、など魚介類、備前焼、竹細工など
34広島県（備後、安芸）	もみじ、もみじ	広島（原爆ドームなど）、尾道、三原、宮島（厳島神社、弥山など）、呉、鞆の浦、因島、伯方島など	さより、太刀魚、牡蠣など魚介類、くわい、レモン、広島菜、お好み焼き、もみじ饅頭、しゃもじ、熊野筆、琴、畳表など
35山口県（周防、長門）	赤松、夏みかん	山口（瑠璃光寺など）、萩（城下町、松陰神社など）、下関、徳山、柳井、下松、岩国（錦帯橋など）、浜田、壇ノ浦、秋吉台（秋芳洞）など	夏みかんなど柑橘類、ワタリガニ、うに、河豚、アンコウなど魚介類、萩焼、和紙、赤間硯など
36徳島県（阿波）	やまもも、すだちの花	徳島（眉山など）、鳴門（鳴門大橋、渦潮）、三好、祖谷（かずら橋）、大歩危・小歩危、剣山など	酢橘、なると若布、鳴門金時、和三盆糖、阿波尾鶏、藍染、しじら織、人形浄瑠璃、四国遍路など
37香川県（讃岐）	オリーブ、オリーブ	高松（高松城址、栗林公園、屋島など）、丸亀（丸亀城など）、善通寺、小豆島（寒霞渓など）、金刀比羅宮、瀬戸大橋など	金時にんじん、オリーブ、うどん、素麺、醤油豆、ハマチ、サワラなど魚介類、金比羅歌舞伎（金丸座）、うちわ、庵治石など
38愛媛県（伊予）	松、みかん	松山（松山城、道後温泉など）、今治、伊予、宇和島、新居浜、大三島、別子銅山、肱川、石鎚山、佐田岬、内子（内子座、町並み）など	みかん、八朔、伊予柑など柑橘類、ブルーベリーなど果物、鯛、鱧、岬鯵、岬鯖など魚介類、じゃこ天、タオル、水引、伊予絣、砥部焼など
39高知県（土佐）	ヤナセ杉、やまもも	高知（高知城など）、足摺岬、室戸岬、土佐清水、四万十川、仁淀川、桂浜など	青さ（川海苔）、柚子、文旦、小夏、しょうが、川えび、鮎、うつぼ、くじら、鰹など魚介類、皿鉢料理、珊瑚、四国犬（土佐犬）など

都道府県（旧国名）	木、花	名所・旧跡	名産・名物など
40福岡県（筑前、筑後、豊前）	ツツジ、梅	福岡（福岡城址、博多、筥崎宮、香椎宮など）、北九州（和布刈神社、門司港など）、太宰府天満宮、久留米、柳川、直方、筑豊、能古島など	鰻、お茶、明太子、高菜漬、とんこつラーメン、アラなど魚介類、柚子胡椒、博多人形、博多織、久留米絣、籃胎漆器など
41佐賀県（肥前）	クスノキ、クスの花	佐賀、有田、伊万里、唐津、鳥栖、武雄、吉野ヶ里遺跡、有明海など	ウミタケ、むつごろうなど魚介類、梨、有田焼、伊万里焼、唐津焼、海苔、佐賀錦など
42長崎県（肥前、対馬、壱岐）	ヒノキ・椿、雲仙ツツジ	長崎、佐世保、島原（雲仙、普賢岳など）、諫早、平戸、五島列島、壱岐、対馬など	枇杷、すっぽん、カステラ、ちゃんぽん、皿うどん、魚介類、からすみ、べっ甲、波佐見焼きなど
43熊本県（肥後）	クスノキ、リンドウ	熊本（熊本城、水前寺公園など）、阿蘇山（草千里など）、八代、人吉、天草、有明など	青梗菜、スイカ、みかん、晩白柚など果物、海苔、きびなご、かさご、車えびなど魚介類、馬肉、辛子蓮根、焼酎、肥後象嵌、畳表など
44大分県（豊後）	豊後梅、豊後梅	大分、別府温泉、国東半島、臼杵、竹田、由布院、宇佐神宮、高崎山など	城下カレイ、関鯵、関鯖など魚介類、カボス、しいたけ、ぶどう、竹細工、麦焼酎、下駄、小鹿田焼など
45宮崎県（日向）	フェニックス・山桜・オビスギ、ハマユウ	宮崎、延岡、日南海岸、青島（鬼の洗濯板）、都城、高千穂、西都原古墳群など	マンゴー、きんかん、日向夏など果物、ピーマン、牛肉、日向地鶏、高千穂神楽、太刀、大弓など
46鹿児島県（大隅、薩摩）	海紅豆・クスノキ、ミヤマキリシマ	鹿児島（城山など）、霧島、桜島、指宿、出水、屋久島、奄美大島、種子島など	お茶、黒豚、ポンカン、タンカン、桜島大根、薩摩芋、ダイダイ、黒酢、いも焼酎、さつま揚げ、鰹節、薩摩シャモ、薩摩焼、薩摩切子、屋久杉、大島紬など

都道府県（旧国名）	木、花	名所・旧跡	名産・名物など
47 沖縄県（琉球）	琉球松、デイゴ	那覇（首里城、国際通りなど）、名護、本部、糸満（ひめゆりの塔、平和の礎など）与那国島、宮古島、石垣島、西表島、竹富島、など	ゴーヤ、ウコン、サトウキビ、シークァーサー、パイナップル、海ぶどう、琉球料理、沖縄そば、泡盛、紅型、琉球絣、芭蕉布、ミンサー織、琉球ガラス、壷屋焼、八重山上布など

（林野庁林政課広報室の資料と各自治体のホームページをもとに作成）

◆参考文献

- 角川学芸出版編『角川大歳時記（春）（夏）（秋）（冬）（新年）』角川書店、2006年
- 角川春樹編『合本現代俳句歳時記』角川春樹事務所、1999年
- 高島易断所本部編纂『平成25年神宮館九星本暦』東京神宮館、2012年
- 小山　一編『てにをは辞典』三省堂、2011年
- 田代道彌著、夏梅陸夫写真『自然の花（春の山野草）（秋の山野草）』創元社、1996年
- 地方自治体や各行事の主催団体の公式ウェブサイト

【MEMO】

【監修者略歴】

西井　啓子（にしい　けいこ）

学校法人富山国際学園富山短期大学福祉学科学科長・教授、富山県福祉人材確保対策会議ワーキンググループ座長、富山県都市計画審議会委員、富山市社会福祉審議会委員、富山市介護予防推進連絡会議委員等他多数。専門分野は介護福祉。

古川　智子（ふるかわ　ともこ）

株式会社さくらコミュニケーションズ代表取締役、一般社団法人日本おもてなし推進協議会理事長。「おもてなし」「接遇・マナー」「クレーム対応」「モチベーション」「コミュニケーション」をテーマに、全都道府県で年間200回を超える講演・セミナーを開催している第一人者。心理カウンセラーとしても活躍中。

●編集協力／有限会社エイド出版
●表紙デザイン／能登谷　勇
●表紙イラスト／どい　まき
●本文イラスト／佐藤加奈子

介護のしごとが楽しくなるこころシリーズ 2
こころがかよう　聴き方、話し方

2013 年 10 月 15 日　初版第 1 刷発行

監　修　者　西井啓子・古川智子
企画・制作　株式会社ヘルスケア総合政策研究所 ©
発　行　者　林　　諄
発　行　所　株式会社日本医療企画
〒101-0033
東京都千代田区神田岩本町 4-14 神田平成ビル
TEL.03-3256-2861（代）
http://www.jmp.co.jp/
印　刷　所　大日本印刷株式会社

ISBN978-4-86439-199-3 C3036　Printed in Japan, 2013
（定価は表紙に表示してあります）